소금을 꾸러 갔다

김인숙 시집

문학의전당 시인선
185

소금을 꾸러 갔다

김인숙 시집

문학의전당

시인의 말

분장 속에 유폐된 어릿광대의 본모습을 모른다.
그의 손짓, 발짓, 몸짓도 분장이다.
그는 허상을 춤추고 사람들은 허구에 웃는다.

아늘아늘 바닥이 비치는,
그래서 그 깊이를 가늠할 수 없는
하얀 바위 계곡 푸른 냇물 같은,
그런 투명한 시를 쓰고 싶다.

사람들이 젖어드는 시,
그 앞에서 정적에 이르는 시를 쓰고 싶다.

2014년 가을날
김인숙

차례

시인의 말

제1부

깍지　13
콩깍지　14
소금　16
추석 달　17
벌초　18
비손　20
회상　22
똬리　24
아궁이　26
점　28
아버지의 숫돌　30
대못　32
대숲　34
어머니 냄새　36

제2부

수습　39
아름다운 슬픔　40
잠수　42
바람의 길　45
바다는 누구도 먹지 못해　48
자유, 그 쓸쓸한 풍경　50
시계의 방　52
꽃에도 그늘이 있었다　54
대신 아파 줄 수 없어 더 아프다　56
겨울비 내리는 날　58
겨울 갈대　60
잿간　62
겨울 원행　64
빈 꽃병　66

제3부

도르래 71
새가 하늘을 물고 날아갔다 72
차질(蹉跌) 74
소라게 75
바퀴 76
부재의 말 78
문틈 80
딱지 82
우산 84
국자 85
죽은 거미를 쓸어내며 86
삭제 88
쑥새 90
난전 92

제4부

개망초　95
푸른 불꽃　96
옹알이 터지는 봄　98
찔레꽃　100
꿩의바람꽃　102
오월의 창　104
해바라기와 나팔꽃　106
한여름　107
가을비 스캐닝　108
물그림자　110
젖어드는 것은 아름답다　112
국화차　114
겨울잠에 든 여자　116
홍시　118

해설 | 그대, 살아 있는 한 살려고 애써야 한다　119
이승하(시인 · 중앙대 교수)

제1부

깍지

오월 초입

묵은 깍지를 떨궈내지 못한
무궁화 가지에서
뾰족한 햇것들이 마구 밀고 올라옵니다

푸석하게 변색된 씨앗주머니
모진 겨울 지난 묵은 깍지들
가지 끝에서 생의 끝자락을 힘주어 붙들고 있습니다
차마 떠나지 못해 악다물고 있는
그 미련, 참 큽니다

생(生)과 사(死)의 질긴 동행입니다

콩깍지

쇠죽솥에 마른 콩대를 삶고 있습니다
작두에 잘게 썰려진 콩대입니다
들썩들썩 솥뚜껑을 밀면서 김이 솟아오릅니다
쪼그라져 딱딱해진 몸이 많이 커졌나 봅니다
퉁퉁 불은 콩잎에서 누런 물이 배어나옵니다
부황 든 풀잎처럼 부들부들해졌습니다

지난가을 서늘한 바람과 구수한 구름이 함께 삶긴 쇠죽
한 바가지 가득 떠서 구유에 부어줍니다
소가 한 입, 넓은 혀로 넙죽 감아 넘깁니다
누렇게 불은 콩대에서 푸른 햇콩잎 맛이 납니다
가득 흘러들어온 들판을 소들이 씹고 있습니다

콩깍지 속은 태중처럼 안전할 줄 알았습니다
남들 다 떠나도 끝까지 버티었습니다

마른 콩들,

   콩깍지를 벗어나지 못한 그들에게서 구수한 메주콩 냄새, 된장 냄새가 납니다
   한 숟갈 뚝배기에 넣어서 끓이면 한 끼 식사는 거뜬히 염려 없겠습니다

   콩깍지가 먹히는 것은 몸이 아니라
   냄새로 먹힙니다, 콩대 마디마디로 피어오르는
   먼 들판의 바로 그 냄새, 구수하고 순한 누렁빛 냄새

소금

여름밤
매캐한 모깃불 피워놓은 마당
살평상에 둘러앉아
수박을 배불리 먹은 아이는
꿈에서
시원하게 쉬를 했다
몸이 훨훨 공중으로 날아올랐다

아침에 아이는
은근히 미소 머금는 어머니에게 등 떠밀려
바가지를 안은 채 키를 덮어쓰고
옆집에 소금을 꾸러 갔다
하루 종일 아이의 볼이
수박 속살만큼 붉어져 있었다

추석 달

둥근 함지에
익반죽을 하는 어머니
'송편을 예쁘게 만들어야 시집 잘 간다데'
옆에서 거드는 아버지,
반죽과 소를 둘러싸고 퍼질러 앉아
슬금슬금 곁눈질하며
송편 모양내기에 경쟁이 붙은
딸 부잣집, 우리 집

소를 소복이 넣은 둥근 송편
살짝 들어 하늘에 비추니
영락없는 추석 달이다,
올해도 달덩이만큼 풍년이겠다
혼기 찬 셋째 언니,
시집 잘 가겠다

벌초

둥그렇게 반달 같은
저 두 집에 어머니 아버지 계신다

들에서 돌아오는 아버지 지게의
가득하던 바소쿠리 같은 집

달구질하면서 꼭꼭 흙으로 덮어
자손들이 지어준 지붕이
한여름 지나면서 봉두난발 되었다
정갈하신 성품에 찝찝하셨겠다

혹여 무거울까
행여 엉긴 풀잎들이 가려울까
장마 지나고 추석 앞둔 휴일에
매끈하게 머리 깎았다
까까머리 예쁘게 이발 시켰다

온 산이 훤해진다

정월 초하룻날 아침 마당처럼
인물 난다

새벽에 세수하고 머리 빗은
생전의 그분들 손잡고 마루에 나앉거나
앞서거니 뒤서거니 출입이라도
하실 것 같다

하산하는 산길 모롱이 휘파람새 운다

비손

새벽별이 총총 앞다투어 돌아갈 때면
울 할매 말끔히 세수하고
정화수 한 그릇 떠 장독 위에 올리고
중얼중얼 입속말로 가족들의 안녕을 비셨지

열아홉에 시집온 울 어머니
나 열병 앓는 밤마다 그 장독대 올라
할매처럼 싹싹 두 손 비비셨지

두 손바닥 모으면
그 속에 꽃잎이 피고
세상만사가 고스란히 고여 들었을 거라
위, 아래, 둥글게 둥글게 비비면
객귀는 무서워 도망가고
나는 열이 내려 잠들곤 했을 거라

두 손바닥 안에서 나는 그렇게 컸고
식구들 평안은 그리 유지되었고

집안은 명주실처럼 이어져 갔는데

아이들이 옥수숫대처럼 쑥쑥 자라는 지금
나도 이제 손을 모아 비는 일이 잦아진다
이미 어미는 되었고
느리지 않게 할매가 되어 간다

회상

갖고 싶어도 가질 수 없었다
어렸을 때는

마음 깊은 다락방에서
어느 한 장면, 뚝 뚝 끊어지는 풍경을
꺼내어 어루만져본다

냇가 자갈돌 사이에서 발견한 새알
눈부시게 하얀 빛깔이
세상 처음의 벅참으로 다가왔었지
아버지 따라 낚싯대 들고 나간 강기슭
작은 피라미를 건져 올리던 그 맛, 자릿한 손맛
초파일 산사에 가는 길
무서움을 잊으려고 쉬지 않고 얘기 나눴던
길가의 풀들과 나무들

눈 지그시 감고
때론 미소 지으며

슬며시 젖어드는 어린 날

그 은근한 회상의 힘으로 나는
여기에 있다, 조금씩 가지면서
감사하면서

따리

스르르 풀려버렸다

수건을 돌돌 말아 머리에 올리고
새참 담은 함지박 이고 갔는데

운동장에 줄 세워진 신입생처럼
어린 모들 줄지어 선 다랭이논

배배 상투 올린 머리처럼
오대째 뿌리 내린 곳
물 흐르듯 흘러가버렸다

나라에서 알려준 이앙의 기술처럼
자식들
초중학교를 마치면
먼 도시로 보낸다

결실이 많아지는 이앙법

풀려버렸다
다랭이논 가던
할아버지 적 따끈한 한낮

아궁이

속,

늑장부리는 별들이 돌아갈 채비를 할 때
일어나 주섬주섬 누비옷을 껴입고
쭈그리고 앉아 속으로 불을 지펴요
아침밥을 지어요

아버지의 할아버지가
양쪽으로 돌을 쌓아 올리고
흙으로 마무리해서
위에다 가마솥을 걸었다는
시커먼 아가리 속

옆을 지날 땐 조심해야 해요
숯검정 분 화장을 할 수도 있어요

억울하거나 속이 탈 땐
생솔가지 한입 밀어 넣어

매운 연기에 눈물 흘려요

뜨거워도 참을 줄만 알아요
좋아서가 아니에요

속으로만 삭이며
벙어리, 귀머거리, 장님 삼 년씩에
나눠줄 자식이 많아
언제나 춥고
고픈 입

뭐든지 받아들여
활활 태울 수밖에요

언제나 비어서 허한 배
타는 속,
어머니의 속이 거기 있어요

점

겨우내 떨어지지 못한 나뭇잎 한 장
플라타너스 가지 끝에 붙들려 있다
젖은 채, 얼다 녹은 도화지에 찍힌
점 같다

하늘은 온종일 누워 있다
갓 태어난 아이처럼 바동거리기라도 하지,
지워지지 않는
점은 바다 가운데 깜깜한 섬이 되었다
섬 위에 섬이 겹쳐져 더 큰 점이 되었다

'죽기 전에 저 운동화 신고 걸을 수 있을까요?'
어머니의 바람, 어두운 점으로 찍힌
아버지의 호된 겨울이 이상한파로 내려앉고 있다

그때부터였을까
어머니의 마음 한 점 대문 밖에 내다 건 것이,
저만큼 봄이 와도 떨궈내지 못하고 흔들리는

마르고 찢어진 기억 하나
멀리 검은 점이다

아버지의 숫돌

언제나 그 자리에 있었다
우물가 나무집 속에

아버지는
무딘 쇠칼을 그 가슴에다 갈았고
이 빠진 낫으로 그 등을 깎아냈다

아버지의 가슴이 비어가는 만큼
아버지의 등이 굽어지는 만큼
그도 빈 몸으로 휘어지고 있었다

생은 닳으면서 휘어지면서
바람 불어도 그 자리를 지키는 것
아버지도 그도
그 자리에 있었다, 언제나

그러나
아버지 세상 뜨시고, 이제

그가 보이지 않는다
궁륭이 없다

숫돌을 쓰지 않는 시대
사람들은 무딘 칼을 미련 없이 버리고
바쁘게 흐르는 시류 따라
한자리에 오래 머무르지 않는다

대못

아버지의 가슴은 널찍한 벽이었습니다

그 넓은 벽에다
대못 하나 박아두고
매번 다른 그림을 걸었지요
마음 내키는 대로
아무 거리낌 없이

입이 없는 벽은
아프단 말, 무겁단 말을
한마디도
하지를 않았습니다

내가 좋으면
벽도 좋은 줄만 알았습니다
철부지 시절만이 아니라
벽이 허물어질 때까지 그렇게 보냈습니다

허물어진
벽에는 더 이상 그림을 걸 수가 없더군요
못은 삭아서 사라졌지요

사라진 그 못, 뒤늦게
내 가슴에 와서 박히면서 알았습니다
대못 박힌 벽이 얼마나 아픈지를
내가 박은 못이 내게 와서 다시 박히는 것을
참 많이 늦게야 알았습니다

못 박히지 않는 벽은 벽이 아니겠지요

대숲

뻗어서 올리고
뿌리 뻗어서 허리 펴고
한번에 쑥 하늘을 위협한다

혼자는
설 수가 없다
소리 지를 수 없다

속이 비었으니 약할 수밖에

대나무밭에 뱀이 많다는 말
튀어나온 뿌리를 잘못 본 것이지

봄에는 우후죽순이 올라오지
올망졸망 새끼 거느린
덩치 큰 범처럼
울부짖는 저 모습

작은 물고기들은 무리 지어서
크게 보인다고 하지
약한 날벌레는 덩어리로 뭉쳐
힘을 모으지

집성촌 일가붙이가 되고
대숲 앞에 대숲 같은
마을이 있지

어머니 냄새

그 냄새를 기억한다
어머니의 치마에서 언제나 내풍기던
시큼한 개숫물 냄새

나의 두개골 어디쯤
대뇌의 어느 주름 속에 남아 있는지
비강의 허공에 머물고 있는지
아니면 눈꺼풀 아래나
손가락 끝의 지문에 묻어 있는지

젖내와 분내가 깃든
어머니의 살 냄새로 기억되는
시큼한 그 향기
아직 그때의 냄새 그대로
눈감으면 전해져 온다

싱싱한 빛깔로 남아서 머무는
어머니 냄새, 그때 그 냄새

제2부

수습

 기습한파가 몰아닥친 초겨울, 독거노인 배씨 할머니가 며칠째 보이지 않았다. 이장이 찾아가 삐걱거리는 방문을 열었다. 냉기 도는 방 아랫목에 잠든 듯이 누워 있는 할머니의 숨결, 꺼져 있었다. 배꽃처럼 하얀 얼굴 참 편안했다. 적멸의 고요를 깨면서 앰뷸런스가 다녀가고 정오를 지나서 담당공무원과 사회복지사가 나왔다. 이장의 말을 건성으로 듣더니 기초생활수급자 대장에서 할머니의 이름을 삭제했다. 붉은 줄만 남았다.

 배씨 할머니를 생각하는 사람은 그 후 아무도 없었다. 세상은 변함없이 편안했다. 한 생이 수습되는 장엄한 의식은 삭제가 남긴 붉은 줄 하나가 전부였다.

아름다운 슬픔

참 기막히다
깊고 어두운 막장에서 질식하고 만
압화(押花) 같은 저 벽화는

사랑은 창인데
바람 불면 후드득 전신을 떠는
거기로 푸른 들판이 들어서곤 하는
창에 붙은 풍뎅이 같은 것인데

성 베네딕도회 왜관 수도원 옆길 담벼락에 갇혀서
긴 목숨 죽지 못하고 희바래지는
상처 난 얼굴의 만개한 꽃들이 슬픔으로 있다
두터운 압지(押紙)가 오래, 몸속 깊은
찬란한 빛깔들을 빨아들인 것인가

쏟아지는 땡볕이 숯불가루처럼 날리는 한낮
강을 낀 소읍(小邑)의 우회도로
차 안에서 광속으로 달리는 사람들은

영어(囹圄)의 벽화에 눈길 한번 주지 않는다

참고 참으면 곪는 걸
숨 막혀 터져버리는 걸
누가 허공에 물꼬를 뚫어
소나기라도 쏟아 부어 차라리 씻어버려라
순결한 벽으로 돌아가도록, 안락하게 잊히도록

사랑하다가
모가지 뚝 부러져
떨어지는 동백꽃의 순한 슬픔, 거기 없, 다,

망각만큼 아름다운 것은 세상에 없어
가슴에서 조금씩 밀려나가는 기억의 썰물

잠수

수면안대를 하고 내닫는 항해는 위태롭다
해로는 안개 속으로 들어가고 레이더만 보며 움직여야 한다
기기에 밤을 맡기는 무뇌충(無腦蟲)의 수면은 불안하다

기나긴 불면을 불러오는 시계 제로,
물고기 퍼덕이던 바닷물은 어둔 회색으로 변했다
사금파리에서 튕겨져 나온 햇살처럼
한 치 앞이 하얀 낭떠러지다

보이지 않는다는 것은
얼마나 소름 돋는 두려움인가
해파리 떼처럼 뭉글거리며 달려드는 해무는
얼마나 끔찍한 생물이던가

처녀항해에 나선 오빠가 그물에 걸린 고래처럼
들것에 실려 해안으로 돌아오던 날
언덕 위의 낡은 뱃집엔 전깃불이 나가고

두터운 바다 안개가 악몽처럼 몰려왔다

물비린내가 점령군처럼 들앉은 수산시장
어머니의 좌판은 날로 가난해지고
하루 종일 번들번들 젖어 있었지만
달랑 몇 마리의 죽은 고기 비늘이 꾸덕꾸덕 말라갔고
초라한 생선대가리와 내장이 고무대야 구석에 버려졌다

바다 안개는 무서워, 그때부터 나는 지느러미를 달고 잠수를 했지
안개는 형광빛 수족관까지 따라오지는 않았어
숲은 천천히 몸을 흔들었고, 그 너머로
리듬체조의 리본처럼 푸른 멸치 떼가 너울거렸어
꽁치의 등지느러미는 보랏빛 조명으로 출렁거렸지
거기, 돌고래와 나란히 헤엄치는 남자가 있었어

나는 잠이 들었고
그 남자 옆에서 아직 잠자고 있지

수면안대 아래서

뱀처럼 스르르 이중 창틀을 빠져나가는

바다 안개의 끔찍한 꼬리, 끝에서 살아나는 새벽

바람의 길

하늘과 땅, 바다와 벌판을 노숙으로 지나온 그는
해진 옷을 빠져나와
구름 같은 무명 이불을 덮고 단잠에 들고 싶다

깜깜하게 깊은 숲에서 승냥이를 만났다
키 큰 나무들의 잎을 사나운 앞발로 사정없이 두들겼다
살기 찬 눈빛은 금세 집괭이처럼 얌전해졌다

몇 개의 낙타 발자국이 희미하게 남은 사막 구릉에서 전갈을 만났다
푸른 등껍질 길게 독기가 집결해 있었다
치켜든 꼬리가 화살촉 같았다
모래폭풍을 일으켜 사구만 높이고 물러섰다

어두운 도시에선
전구가 나간 가로등 아래서 더욱 왜소해지던 사람들
그림자가 없는 마음들이 구석마다 사각사각 쌓이는 것을 보았다

고운 빗줄기를 오래 뿌려 주었다

비탈진 언덕을 담쟁이처럼 오르다 미끄러지기도 했다
투신하는 폭포를 만나 몸 부수어 날기도 했다
바다를 건너면서 몸집 큰 파도에 휩쓸려 숨이 막힌 적도
있었다

계단을 내려오듯 높은 데서 낮은 데로 하강하는 순례를
마치고
돌아온 그의 손에는 바깥의 색들이 묻어 있다
서늘한 풀잎 빛, 눈물겨운 장밋빛, 따뜻한 은행 빛, 색색
에서
쏟아져 나오는 형형한 눈빛, 사금파리의 파리한 눈빛

결국 그는 머물고 싶은 유랑일 뿐이었다

불꽃의 발화점이 불의 씨앗이듯
바람의 씨앗도 발아해야 바람이 되는지

그는 언제 일어나 어떻게 돌아다니다가
어디서 잠드는지 아무도 모른다

아직은 길 위의 도처에서 취침 중인 씨앗들
사방팔방으로 자라난 길들을 빨아들이고 있다
그 길이 그 길인 길들을

바다는 누구도 먹지 못해

접시 위에 누웠다
해웃값을 받고 몸을 내준 여자처럼,
꼬리가 잘리고
배가 쩍 갈라져서
눈을 치켜뜬 채
당신의 손길을 기다리고 있다

석쇠 위로 구석구석 내 몸을 휘감던 불길,
나는 구워졌지만 죽지 않았다

아무도 어쩌지 못하는 내 빗살무늬 뼈가
당신의 손가락,
목구멍에
되돌리지 못하는 흉터를 남길지도 몰라
몸이 쪼그라들었다고 해서
바다가 사라진 건 아니야

푸른 나의 등에는

당신이 소화할 수 없는
먼 심해의 숨결이 들어와 있다
진하게 뿌리내리고 있다

당신 목에 박힌 뼈는
건장한 바다의 비늘 같은 깃털이야
나를 먹을 순 있어도
바다는 누구도 먹지 못해

침대 같은 접시 위에서
바다로 돌아갈 날을 기다리는
나는, 이렇게 편해

자유, 그 쓸쓸한 풍경

마음 정하기 나름이다, 구속이란 것

뭉게구름, 새털구름으로 커튼처럼 걸려 있다가
가뭄 끝에 내리는 비
하늘의 테두리에서 벗어났을까

가장 낮은
마른 흙으로 파고들어 물길 만드는 노역

살 껍질 벗겨지도록
두들겨 맞으면서 길을 내주는 땅은 자유일까

발 없는 말이 천리를 간다지만 스스로 가는 것이 아니다
타의로 분화하고 변모되면서 가야 하는 먼 길
어디쯤에서 말은 참으로 자유로워질까

꽁초가 되도록 줄담배를 피우며 독신으로 살았던 시인
공초 오상순 선생은

임종을 지키는 구상 시인에게
'상아! 자유가 내 한 평생을 구속했구나!'
선문답처럼 술회했다고 한다

자유는 구속으로 들어가는 입구이고
구속은 자유를 찾아 나가는 출구인가

구속의 밑동에서 줄기 뻗는 자유,
'인간은 그가 가진 자유에 대한 의식만큼 자유로울 수 있다'*는데
혼자서는 서지 못하는 자유의 몸
불구의 그 쓸쓸한 풍경

---

*니콜라이 하르트만의 명제.

시계의 방

해시계는 힘들게 그림자를 끌고 가고
모래시계는 조금씩 자신을 허물고 있다

그의 손목에 시간이 갇혀 있다, 작은 시계의 방
문을 열었을 때 꽉 찬 시간의 소리들이
해일처럼 쏟아져 나왔다, 일순에 헐거워진 팔

초침은 초조하게
분침은 분주하게
시침은 시들하게
남남이듯 바투 이어져 쳇바퀴처럼 벽을 핥고 있다

사람들은 하나씩의 시곗바늘이 되어 돌고 돌았다
둥근 시계 속으로 저마다의 하루들이 한꺼번에
몰려 들어갔다가 썰물처럼 빠져나왔다

판화로 찍어낸 듯 똑같은 얼굴의 시간들
열쇠 구멍도 없는 방에서

한입 사과를 베어 물듯 조금씩 자신의 몸을 조각조각 먹어 들어간다
갉아 먹히면서 돋아나는 뽕잎처럼
시간의 얼굴은 순식간에 사라졌다가 다시 나타난다
반짝이는 명주실 한 올, 길게 뿜어져 나가는 시간의 줄기

살아 있는 것들은 몸속에 시계 하나씩을 넣고 산다
째깍째깍 살아 있는 한, 생은 쉬지 않고 움직여야 한다
야간행군까지 해야 한다
가는 바람에도 흔들리는 창백한 얼굴의
꽃은 씨방을 부풀려 가장 화려했던 날들을 시간으로 저장한다

처음에도 그랬다, 시간의 방에는 표정이 없다
아무리 허물어도 무너지지 않는다

꽃에도 그늘이 있었다

활짝 핀 웃음
한쪽 구석에 그늘이 드는 것을 보았다

가장 밝은 물감으로 무심코 그리는
이면지의 잿빛 그림

마음을 마음으로 읽는
미소 속, 질펀한 연밭 가운데
그늘은 꽃잎 아래 숨은 수줍음이다
낮은 곳에 머무는 자정(慈情)의 처소이다

한여름 밤의 초가지붕
박꽃의 말간 웃음 안에 감추어진 수심,
묵언이다

달변과 눌변
빛과 그림자는 함께하지
진실로 해야 할 말은 뒤로 숨고

빛을 쫓는 사람들은 항상 그늘을 달고 다니지

달맞이꽃에 내려와 앉은 달빛에도 그림자가 있었다
지상에서 가장 순한 어머니의 미소,
희디흰 꽃에도 그늘이 있었다

대신 아파 줄 수 없어 더 아프다

아파하는 널 바라보며
대신 아파 줄 수 없어서
미안하고

밤새 잠 못 잔 널
잠시 안아주는 것밖에 할 수 있는 것이 없어서
눈물 나고

겨우 잠든 널 지켜보며
기도하며 지켜볼 수밖에 없어서
가슴 아프다

함께 아파 줄 수 있어 행복하다지만
고민하고 걱정하고 잠 못 자고 눈물 흘려줄 수는 있어도
대신 아파 줄 수 없어
더, 아 프 다

사랑은 서로 아픔을 나눌 수 있어야 한다는데

사랑한다고 아픔을 나눌 수 있는 것은 아니야
아픔을 나눌 수 없어 더 아픈 것이지

사랑이란 그런 것이지
사랑이란 것,
그런 것이지

겨울비 내리는 날

우산을 쓰기도 안 쓰기도 고민되게 딱,
겨울비 쓸쓸하게 내린다

국도의 한 차선을
개미 행렬처럼 길게 잇고 있는 차들 속에
미끈한 물개처럼 잘 빠진 검은색 리무진
살아서는 한 번도 타본 적이 없을 텐데
생(生)보다 긴 사(死)를 위해
주검으로 타본들
무슨 의미가 있을까마는
보내는 슬픔이 저리 나타난 것일 게다

구상 시인이 부인의 수의를 고르던 마음이 생각난다
평생 옷 한 벌 해줘 본 적이 없어
저승에서도 탐탁해 하지 않을
제일 비싼 수의로 결정했단다*

개똥밭에 굴러도 이승이 좋다고 했던가

덜컹대는 수레도 살아서 타야 제맛이 나지

지나고 나면
빈 들판처럼 모두가 다 허망한
봄밤의 꿈같은 것을

겨울비 흩어진 방울들이 쓸쓸히 창유리를 붙들고 있다

---

*구상 시인의 시 「수의」에서 가져옴.

겨울 갈대

비벼대는 것은 겨울의
건조한 각질을 벗겨내는 의식인지도 모른다

은빛 나비들이 나풀 춤을 추고
떨궈내지 못한 허리가 혹여 꺾일까
바람에 온몸 의탁하고 서 있는, 늙은 몸

다 흘러내리고 뼈대만 남은 고택처럼
다 떠나고 홀로 옛집을 지키는 노인처럼
뿌리만은 단단히 생을 거머쥐고 있다

반짝이는 허공을 날고 있는 흑두루미
바람과 갈대꽃 사이에서 겨울 한낮이 춤을 춘다
짧은 해가 지쳐서 기울 때쯤
은빛 얼굴이 달아올라 노을처럼 붉어진다

유빙으로 떠돌다가
반구를 넘어가버리는 겨울,

아쉽지만

벗겨진 각질을 밀고

차오르는 새살처럼

이제 깨금발을 들고 새싹이 오를 것이다

잿간

나무에게도 영혼이 있다면
잿간은 화장된 유골의
임시 안치장, 미련스런 영혼의 간이정거장

대구 수성구 고모동 산 113-3, 소쿠리산 품속
명복공원에 가면 몸을 잃어버린
외로운 영혼들이 집진기를 빠져나와 허공으로 날아오
르지, 순결하게
남겨진 몇 줌의 유골이
약재처럼 반듯하게 하얀 조선종이에 쌓여져
유족의 마른 가슴에 나비처럼 안기지

검은 상복을 입은 여인의 머릿결에 앉은
곧 날아오를 태세로 바람결을 붙들고 있던
*쪼끄*만 삼베 리본은 얼마나 혼곤하고 파리한지

열두 식구에 하나뿐인 뒷간은 차례가 오지 않아
휑한 잿간에 서서 내갈기던 어린 동생의 오줌 줄기는

소방 호스가 쏘아대는 물줄기처럼 풀석풀석 먼지를 일으키며
　무덤같이 둥그런 잿더미 속으로 작은 구멍을 뚫으면서 파고들었지

　나무는 죽어서도 가지를 흔들며 바람을 일으키는데
　유족이 없는 행려병사자처럼
　아무도 수습하지 않았어, 잿빛 마른 골분을

　오늘도 잿간을 향해 걸어가는 내 발밑으로 지금
　신날 것도 없는 하루들이 자꾸 흘러가고 있어
　나뭇잎들과 잔가지들을 쳐내고 누가 자꾸 나를
　굵은 톱으로 베고 있어
　아직은 나무의 몸에서 푸른 피가 나는지 몰라, 제발

겨울 원행

이른 새벽, 세상이 환하다

거기
솎아낸 가지도, 상처 난 낙엽도, 밀려나는 모래사장도 없다
바람은 잠들어 있고 마른 갈대는 흔들리지 않는다
하얀 정적 속으로 남자가 한 발 들어선다
멀고 힘든 걸음으로 돌아온 마당이 문득 가쁜하다

푸른 하늘 끝의 한 아름 풀밭이 생각나지 않는다
피난의 지친 길들,
어둔 겨울밤의 성난 바다처럼
검은 파도는 시시각각으로
잠잠하다가, 화를 내다가, 기어오르다가
결국엔 쓰나미로 남자를 몰아세웠다

저승 강을 향해 떠가는
작고 낡은 배 한 척, 자꾸 흔들리고 있는데

오늘은 하얀 세상이 펼쳐졌다
어머니의 눈부신 옥양목 치마저고리
밝고 따뜻한 품이 거기 있다
홀로 겨울 벌판을 건너온 등 굽은 노새처럼
눈을 떠 갈증을 씻는다
이제 목마름이 가실 때도 되었는데

세상 어딘가에서 봄은 오고 있을 것인데
길 위의 겨울은 길고
남자는 자신의 분리수거를 생각하는 중이다

빈 꽃병

속이 쓰리다

오늘도 빈 소리가 나선형으로 공명하는 동굴 같은 공복이다, 언제였던가, 하루가 멀다 하고 새로이 채워질 때도 있었다, 비면 버려지는 일회용 접시를 보며 우레 같은 불안에 갇혀 떨면서 오래 속을 채우지 못했다

마른 논바닥같이 갈라진 속은 해갈이 필요한데, 물만으로는 채워지지 않을 까마득한 허기가 있어, 다들 잠든 새벽이면 주린 배 움켜잡고 검은 굶주림을 핥으며 허공을 안고 허공을 맴돌았다

아침이 오자 문득 장미향이 번져난다, 이른 새벽 누가 꽃시장을 다녀온 것인가, 간절하면 생겨나는 지병, 환향(幻香)인가

향에도 색깔이 있다, 노랑, 초록, 붉은 향이 섞여서 도장처럼 또각또각 찍혀 있는 거실 바닥, 날마다 속에서 키우

는 강아지풀, 보풀보풀한 미소 아쉬운, 꿈의 조각들을 가차 없이 닦아내는 여인네의 물걸레질, 고깝다

 언젠가 어깨쯤으로 비춰진 구름에 끌려 종행의 길을 나선 적이 있다, 푸른 벌판을 다리가 후들거리도록 헤매다가 결국 제자리로 돌아왔을 때 발바닥이 파랗게 물들어 있었다, 온몸이 풀내에 점령당한 것이다, 미란성 위염을 앓는 속청도 풀빛으로 물드는 걸 보았다

 들꽃의 질긴 뿌리를 속 깊이 잉태하기를 바랐던 것일까, 꺾인 꽃의 줄기 마디에서 푸른 잎이 돋는 꿈을 밤마다 꾸고 있었을까

 해독되지 않는 꽃의 여린 실뿌리를 한가득 품은 채 반짝이는 사기질의 웃음을 내걸고 싶었던 게지, 들판의 바람, 새들처럼 허공을 가로지르는 사랑을 하고 싶었던 게지

 조화로 채워지는 속보다는 차라리 실팍한 공복이 낫다

고 누가 속삭이며 지나갔다

　시간이 가위눌려 정지된 공간, 장식장 한구석에 허물어질 듯 앉아, 빛바랜 꿈이 그림자로 쌓이는, 거기서 아직도 꿈꾸고 있는 나는 여전히 분양되지 않은 깜깜한 공복이다

　이미 나는 죽었는지도 모른다
　투명한 유리 속에 켜켜이 갇힌 내게로
　눈길 주는 자 이제는 아무도 없는 것을 보면

제3부

도르래

오늘도
오르락내리락하는 밧줄만 걸치고
앉은자리에서 용만 쓰는
앉은뱅이 꽃,
찌륵찌륵 녹슨 웃음이
꼼짝없이 축에 붙들려
갇혀버린 운명이다

바람 오시는 날
밧줄 끝 보푸라기에
쇳가루 꽃씨라도 달아 보내야지
벙어리, 도꼬마리처럼

새가 하늘을 물고 날아갔다

새가 하늘을 물고 날아갔다
허공이 공허하다
거기, 자세히 보면
빈 것에서 오는 소리가 있을 것이라 생각한다

복작거리던 아이들이 등교한 후 집안으로 들어서는
양철지붕 빗소리
추수를 끝낸 들바람 소리
먼 산속에서 퍼져 나와 온몸을 휘감는 범종 소리

곳곳의 소리들이 다가와 가슴을 쓸고 가지만
속에 담겨지지 않는다

빈 것은 실상 빈 소리로 채워야 하는데
공허마저 비워야 속은 채울 수 있어
버려진 헛간처럼 벽이 무너져야 가능한 거지

어릴 적

장터 국밥집에서 푹푹 숟가락질하는 지게꾼의
실팍한 어깨에 바람 한 자락 썰렁하게 지나가는 걸
본 적 있다, 뼈에서 나오는
피리 소리 같은 것을 들은 것 같다

빈속의 낡은 벽을 허물고 있는지도 모를
오래된, 그러나 낯익은 풍경

공허를 채울 빈 소리는 깊은 밤을 앓는
이름 없는 나대지에서 올지도 모른다는 생각이
문득 든다

차질(蹉跌)

가끔 오르던 산책로에 반듯한 계단이 생겼다
그곳에선 영락없이 흙투성이였는데
때마다 생기는
헛디딤을 벗어나기 위해
누군가 한 마음씩 쌓아 올렸을 것이다
이제 더는 넘어질 일 없겠다
차질이 생기는 것은
정체가 아닌 흘림체였기에

소라게

널려진 껍질들
구멍마다 들어가 있다
집집마다 혼자다
대가족은 꿈꿀 수도 없다
평수를 늘여가는 집처럼
커가는 몸에 맞게
껍질을 바꿔야 한다
혼자가 편한
네오 싱글족 같다
소라게들

바퀴

하나보다 둘이 낫다고
안 하는 것보다 하는 것이 낫다고
여자는 결혼을 했다
함께 구르면서 같은 방향으로 가야만 했고
혼자서만, 옆으로나 거꾸로 갈 수가 없었다

수박밭의 외발수레
서커스단의 외발자전거, 저 혼자 잘만 달린다
하지만 잘 넘어진다
아무나 탈 수가 없다

어깨와 어깨를 서로 기대야
엇비슷이 서는 사람 人,
두 개의 다리로 걸어가듯
양 바퀴로 살아가는데
홀로 피어 더 고운 꽃도 있다

누군가가 만든

외바퀴와 양 바퀴,

풀고 묶어서

홀로 가는 흐름과 함께 가는 흐름이

하나의 강에서 눈덩이처럼 녹으면서 구른다

부재의 말

언젠가
화풀이로 던져버린 나의 말들이
얼어붙은 나뭇가지에 만장처럼 걸렸다가
어느새 해빙되었는가
날름 혓바닥을 내밀더니
알알이 맺혔다

세월이 약이랬지
아무리 어려운 일도
죽을 듯이 힘든 일도
잊히거나 풀리거나 굳어지거나
다시 토양이 되거나
세월만 가면 해결이 되는 것이랬지

흩어진 말들을
다시 모으려 말고
다시 들으려 말고
어느 하늘에서 떠돌다가

가슴 졸이는 운석으로 떨어질는지
부재는 부재로 두고

모셔야 할 말을 더는 던지지 말아야지
말없이도 전해지는 것이 마음인 것을,
돌에 새긴 말도
말로 남는 것이 아니라
날아간 나비가 마음에 머무는 것임을
세월이 지나야 알겠더라

문틈

꽉 닫지 말아요
들어갈 수가 없잖아요

온종일 바람난 들고양이처럼 떠돌다가
어둠이 휘감아 들면 터덜터덜 돌아와
두 다리 뻗을 방이 필요한 걸요

봄 햇살을 쫓아 산길, 들길 신나게 달려가다가
아차, 어두운 벼랑에 떨어져도
상처 난 몸, 해진 옷자락 추슬러 누일 방이 필요한 걸요

마음 문,
드나들 틈이 있어야
숨 쉴 수 있어요

가끔은 살짝 틈을 보여주어요

누구에게나

비빌 언덕이 필요한 거예요

함부로 엿보지 말아요
여기는 상한 마음 드나드는 바람의 길

딱지

떼지 마라
아직은 때가 아니다
서둘지 마라
산머루처럼 익어서 마를 시간이 필요하다

기다림은 여름 낮에 가는 멀고 긴 길이다
자고 나면 키가 한 뼘씩 자라는 옥수수나무처럼
침묵 위에 침묵의 더께가 쌓이는 숲속의 바위처럼
미세한 떨림, 하염없는 움직임으로
새 세상으로 가는 먼 길이다

언덕엔 언덕 위의 집이 있고
기와지붕엔 초록빛 자줏빛이 버무려진 지붕지기가 앉아 있다
파도가 와서 난리를 쳐도 따개비는 소라 등을 떠나지 않는다
이미 더 큰 하나가 되어버린 그들

피 흘리다 멎은 자리에 터 잡고 앉는 검고 딱딱한 꽃
꽃 속에 또 연한 꽃잎이 숨어 있다
상한 가슴속의 어두운 꽃일수록 오래 간다

딱지는 아픈 상처의 항변이었다가
슬픈 어느 날이 말라붙은 딱딱한 흔적이거니
버릴 수 없다면 업고 가야 한다

떼지 마라
아직은 때가 아니다
서둘지 마라
익을 때까지, 익어서 절로 떨어질 때까지
성벽 같은 껍질로 달고 가야 한다

우산

안경점의 사은품으로 나는 여기에 왔다. 깜깜한 신발장 한쪽 구석, 누구의 관심도 받지 못하고 겨우내 없는 듯이 있었다. 숨이 막히어 가슴을 옥죄는 고통, 한 치 앞도 볼 수 없는 어둠 속의 불안, 불면증에 시달리는 긴 밤들을 보냈다. 내 피부는 꺼머무트름하게 검버섯이 피어나고 등뼈는 삭고 있었다.

찬 기운이 아직 남아 있는 이른 봄비 내리는 아침
서로 나를 차지하겠다고 세 딸들이 다투더니 약빠른 둘째가 낚아 갔다
비가 내려야 비로소 외출하는 나
쏟아지는 비를 맞아야, 온몸 부서져라 맞아야 비로소 깨어나는 골격

비가 오지 않는 오늘
나는 없다, 이 세상에

국자

 나를 깨우는 건 언제나 손맛 좋은 이 집 아주머니다 오늘도 잠이 덜 깬 나를 뜨거운 육개장에 넣어서 휘젓는다 고기, 토란줄기, 파가 내 얼굴에 걸려서 좀 성가시긴 하지만 이것쯤은 괜찮아 다시 국물에 흔들면 씻겨 나가지 국맛은 내가 제일 먼저 보잖아 국그릇이 줄을 서서 기다리는 걸 보면 나는 잠시 우쭐해지지 글쎄 내가 아니면 누가 몸 담가 덜어줄 수 있을까 펄펄 끓는 냄비에서 퍼내는 건 내가 최고지 이때가 난 제일 행복해

 그런데 내가 할 수 없는 것이 있어
 입은 말을 퍼내는데 나는 그걸 못하지
 몸 뜨거운 벙어리인
 내가 퍼준 국을 먹는 입들이 퍼다 나르는 것
 소문이라지
 나는 국을 퍼다 나르고 입은 소문을 퍼다 나르지

죽은 거미를 쓸어내며

거미 한 마리
색깔을 잃어가는 풀잎 사이에 걸려 있다

자신의 덫에 걸린 듯

한때 쩌렁쩌렁했던 눈초리가 어디로 가라앉았는지
핏기 빠져나간 하얀 얼굴
속의 오그라든 뼈를 거둔다

가시덤불 같은 세상에 살갗이 쓸리기도
돌부리에 걸려 피투성이가 되기도 했겠지
마을 성황당 서낭신께 빌어
얽힌 운명, 맺힌 가슴 풀어 얻던 치유의 사냥
소나기를 만나 뼛속까지 흠뻑 젖으며
옥식도 즐겼겠지

조각조각 자투리 천을 이어 만든
조각보 이불 같은 여정

잘 마른 잠자리 날개처럼
건들면 바스러져 분가루로 날릴 듯한
반구형의 지붕 같은 미라,
허공을 벗어나 땅에 안착한
가파른 한 생이 흙으로 돌아가고 있다

삭제

메일을 열었다
한 번의 클릭으로
넘쳐나는 휴지통을 비웠다
삭제된 말들이 소리 없이 사라지고
빈 적막만 남았다

나는 이미 오래전에
무심한 결단으로
지난날의 사형을 집행했던 것이다
삭제당한 것들은 시신이 되어
관리자가 없는 안치실에서
하염없이 대기하고 있었을 터,
대기를 끝내는 비우기를 기다렸을
그들은 복원 또한 꿈꾸고 있었을까

빈 휴지통의 하얀 적막 속에서
한 무리의 물음표가 피어오른다,
삭제된 것들은 어디로 가는가

비워져 버려진 것들은 소멸되는 것일까
보이지 않으면 없어지는 것인가
정말로 세상에서 영영 없어지는 것인가
그들이 꾸었던 꿈도 사라지는 것일까

삭제가 아니라 풍장으로
언덕 높은 바위에
오래 널려 있는 한 줌의 이별이
차라리 인간적이라는 생각이 든다

지워서 버리는 삭제보다
조금씩 바람으로 날려 보내는 의식이
덜 잔인할 것 같기 때문이다

쑥새

찬바람이 겨울 모퉁이로 창날같이 몰려올 무렵
우체국을 바라보는 시장 구석 포장마차에
철새 한 마리 내려앉았다

어디서 날아왔는지,
낡은 몸통의 남루한 부리 끝으로
밀가루 반죽을 붓는다
검붉게 타는 속을 채워놓고는
노을처럼 노란 붕어를 한 마리씩 건져 올린다

부푼 붕어의 가슴이 팽팽하다
불쑥불쑥 찾아와 흔들어놓는 이방의 공허로
뜨거운 빵틀에 손을 데일지도 모르겠다
바람에 맞선
수꾸머리 세우고 흥얼흥얼 부르는 노랫가락
문득 갱년기의 열기가 차오른다

산 15번지

겨울 날 곳을 찾아 먼 길 날아서 왔는데
비닐을 몇 겹이나 둘러싸도 외풍만 센 방안,
인적이 끊긴 재래시장의 골목 끝에서
캄차카반도의 황갈색 바람이 꿈결처럼 펄럭인다
수꾸수꾸 쑥스러워 고개 숙이는 눈앞으로
윤습한 야나강이 떠오른다

우체국에 들어가 택배를 보내야겠다
껍질째 먹는 사과 한 짝
홀로 되신 어머니의 틀니 사이로 해맑은 빛살이 반짝이겠지
쑥쑥
가슴을 가로지르는 갈색 띠가 문득 따뜻해진다

돌아갈 곳이 있는 자는 추위도 이길 줄 안다
무표정한 초록 철망의 담벼락도 환해지는
겨울 햇살, 얼마나 고마운지

난전

오늘도 좌판엔
촌부의 억센 손에 베어져 나와 숨이 죽는 어린 부추
오글거리는 아이들 손길 기다리는 보송한 병아리
한 무더기씩 놓인 버섯, 시금치, 호박, 오이
할머니가 만지작거리며 쌓아놓은 무말랭이
손수 밀어서 비닐봉지에 담아놓은 손칼국수
따끈한 국물이 일품인 어묵, 속이 멍든 호떡
가끔 커피 손수레가 모락모락 김을 피우고 지나간다

진열대에 버젓이 좌정하고 있는 마트와는 다른 맛
사투리가 넘치고, 덤과 떨이가 물고기처럼 펄떡이는
햇살 따스운 오늘은
팔차선 대로변 금요 장날이다

토실한 토끼를 머릿속으로 그리며
엄마 손에 끌려 통통 걸어가는
여덟 살 아이가 햇살만큼 반짝인다

제4부

개망초

묵정밭으로
은하수가 흘러요
그 속으로
꺼병이들이 어미를 따라가요
하얀 파도가 일어요

꿩들이 날아가 버린
개망초밭은
꽉 막힌 울음 같아요
하얗게 입술 꼭 다물고 있어요

울어요,
소리 내어 울어버려요
아무런 눈치 볼 것도 없어요

푸른 불꽃

붉디붉은 불꽃으로 피어
제 몸 다 타고도
숯으로 남아 검은 가슴에 불을 품은 삶

언제쯤
파란 불꽃이 파르르 피어올라
천수천안관세음보살
부드러운 천 개의 눈과 천 개의 손이
상한 마음을 쓰다듬으면
어둠 쩍 갈라지고 난분분한 꽃불이 쏟아질 거라

숯처럼 죽은 듯이 숨어 있다가 문득 피어나
세상을 녹여줄 작은 불꽃 하나
겨울이면 간절히 가지고 싶어진다

끝나지 않는 어둠의 계절, 모질게 갇힌 날들, 힘들면 눈을 감는 사람을 위해

가슴에 숨어 있는 작은 불씨 살아나면, 이 겨울에
그 불씨 꺼트리지 말고 활활 태워야지
얼어붙은 가지에 잎이 돋아
화르르 삼동을 나는 동백꽃으로 만발할 것이니

숯불 푸른 불꽃 사륵사륵 살아나는 밤
맨발로 눈길 헤쳐 나서는 사람

옹알이 터지는 봄

이른 봄
개울에서 겨울 깨지는 소리가 들렸다
얼어붙은 내 어둠도 갈라지고 있었다

지난겨울, 검은 숲에서
하고 싶은 말
해야 할 말들은 많았지만
회색 하늘의 굳은 표정 아래서
나는 옹알대는 목련나무,
그저 속병을 앓는 나무였을 뿐

죽은 듯이 흙을 쥐고 있는
마른 밑동의 내 발치에
흙먼지나 눈송이가 간혹 와서 앉는 벤치 하나 있다
햇볕 따스운 겨울 낮이면
걸음걸이 느릿한 생을 겨우 붙잡고 사는
할머니가 나와 툭툭 털고 앉았지, 나와 함께
긴 밤 하지 못한 얘기들을 옹알대면서

그렇게 옹알옹알하더니
오늘은 세상 환하게 터졌다
목련꽃도 할머니도 화들짝 말문이 열렸다
주름살이 몇 개 퍼지면서
봄이 피었다, 더는 옹알대지 않아도 되겠다

찬바람에 올올하던
개울가 버들개지도 보송보송 말문 틔웠겠다

찔레꽃

사내아이 대여섯 명
앞산 뒷산 뛰어놀다가
찔레꽃 덤불 속
새빨간 산딸기
달콤한 향에 홀리어
아이 하나 가시에 찔려도
모르는 척 산딸기만 먹었네

어스름 녘 집에 오니
가시가 아니라
독사의 이빨이었다니
나보다 한 살 많은 그 애는
아직도 아홉 살이다

내 생애 첫 주검은
곤줄박이 지저귀는 산기슭에서
놀란 얼굴 하얀 꽃이 되고
억울한 마음 찔레나무 덤불로 번어

외롭고 서러운 맘 달래보려고

사악한 눈빛의 배암을

그 속에 가두고 산다

꿩의바람꽃

밤새, 눈물처럼 맺힌 이슬이 무거워
고개 숙인 꽃봉오리,
햇살의 허리춤을 거머쥔
바람이 다가와 쓰다듬어 주어야
못 이긴 체 하늘을 바라보며
그제야 창백한 웃음 한 자락 펼친다

둥글고 짧은 꿩들의 날개가
풀숲을 흩뜨리며 일으키는
부드럽고 따뜻한
바람이 와야 비로소 일어서는 꽃

잔솔 아래 풀밭에서 본 사랑은 덧없더라
눈부신 깃털 몇 개 남겨놓고
뜬구름처럼 흘러가더라
부끄러워 차마 고개 들지 못하겠더라

노란 봄볕 가운데 흰빛으로 오롯이 서서

나는 사랑하지 않을 것이다
모래를 뿌리며
그들처럼 분탕질치지는 않을 것이다
봄이 모두 떠날 때까지 잔잔하게
하얀 웃음 그저 웃고만 있을 것이다

오월의 창

제 체중만큼 사막을 가로질러
도마뱀은 먼지를 일으켰다
몽골 고원 고비사막의
매캐한 황가루들이 막무가내로 날아왔다
짙은 분가루로 화장을 한 하늘, 깜깜했다

세상은 오래 어두웠다, 숨이 막혔다

오월, 이른 아침
자근자근 젖은 손들이 창유리를 쓰다듬고 있다
젖는다
젖으면서 흘러내리는 몸짓
꽉 막힌 질식이 씻겨져 내린다

창으로 밀려들어오는
오글거리는 노란 병아리들의 부리가 분주하다
비가 그치고
어느새 손바닥만 해진 목련 잎 자락에

새끼 청개구리 살짝 숨어든다

성큼 자란 봄바람이 햇볕을 간질여
까르르 웃게 한다, 아기처럼
오월은 연록색 반짝이 옷을 입었다
창으로 들어오는 그 옷 참 눈부셔서

당신은 성큼
갈 데도 없는 외출 준비를 한다

해바라기와 나팔꽃

 키 큰 남자가 있었다네 땅에 발을 딛고 바람에 흔들리며 해를 향해 뻗어 가면서 때로는 울기도 한다네 남자의 눈물로 발아래에서 보리쌀만 한 까만 싹이 반달집을 열고 나왔다네 왼쪽으로 돌기 시작한다네 깔때기 관을 쓰고 붓끝으로 나팔을 그려서 새벽마다 노래를 부른다네 너무 일찍 시작한 노래는 한낮이면 지쳐서 시들고 만다네

 애초에 한 몸이면서 둘이라네 남자는 태양을 향해 하늘로 하늘로 나아갈 뿐이며, 여자는 새벽이슬에 젖은 나팔을 그저 불 뿐이라네 나팔꽃에겐 해바라기가 이미 버거운 존재임을 안다네 바라볼 수만, 나팔을 불 수만 있다네

 본시 한곳에 뿌리를 내렸지만 서로 다른 방향을 꿈꾸며, 허울뿐인 껍데기만 칭칭 감으며 함께 살아간다네 세월이, 그저 살아진다네

한여름

여름의 입김은 뜨거웠다
여름의 떨림은 강렬했다
거부할 수 없는
유월 염천을
내 온몸으로
받을 수밖에 없었다

마지막 정열을 쏟아 붓고
육신마저
온전히 바쳐버리는
수사마귀를
사랑할 수밖에 없었다

가을비 스캐닝

한 방울씩 기척을 하더니
어느새 가을이 빗속에 들어갔다

공원 벤치의 붙박이 늙은 남자 구부러진 척추 끝으로
오래 기다리다 일어서는 어깨 위로 떨어지는 가을비
한때의 복사꽃 같은 미소가 풀어져 흘러내린다
붉게 익은 꽈리처럼 속에서 차오르던 열기
천천히 식으면서
마른 혈관을 타고 세상 밖으로 빠져나간다

박명의 거리에
투명한 바람개비 같은 우산 하나 지나간다
차르르 비를 거부하는
버들치 같은 연인들,
은행나무 가로수에선 구슬 같이 노란 알들이 쏟아진다
젖은 잎 위로 흩어진 결실을 훑고 있는 비
비의 손길 축축하다

빗소리에 잠이 깬 실내의 하얀 전등갓이
물끄러미 창밖을 내다본다
초저녁인지 새벽인지 분간이 안 된 채 흘러가는 풍경
떠나는 것은 무엇이든 슬프다

먼 산머리에서부터 묻어온 비가
고불고불한 머리카락을 한 올씩 쓰다듬으며
낮은 곳으로 미끄러져 간다
가라앉은 생을 통째로 읽어 내리는 비,
가을이
가을비의 젖은 혀에 스캐닝 되고 있다

지나온 길 위에서
열기 식은 여름의 몸이 긴 잠 속으로 들어간다

물그림자

아늘거리는 네 속에 숨겨진 것은
물오른 연둣빛 버들가지처럼 다가와
살짝 내려놓는 하늘의 숨결일까

반짝이는 네 속에 숨겨진 것은
짧은 밤 숨어들어와
온통 뒤집어놓고 간 청호반새의 체열일까

붉어진 네 속에 감춰진 것은
구름자락 펄럭이며
서터 눌러대던 외로운 석양일까

어른거리는 네 속에 감춰진 것은
하얀 세상 고이 밟고 넘어 나가
용궁을 다녀온 세상 어머니의 마음결일까

보일 듯 말 듯
가까운 듯 멀어지고

떠날 듯 곁을 지켜주며

흘러가는 흔적들, 흔들리는 물결무늬의

낙관(落款)

젖어드는 것은 아름답다

사람이 사람에게 빠져드는 것
자신도 모르는 새 젖어드는 것
사랑이라고 하지

여기저기서 단풍의 남하 소식이 날아드는 시월이다
설악산, 소백산, 한라산
먼 소식 색색이 번져간다, 물든다

작설차를 가운데 두고 앉았다
우물 속에서 새들이 혓바닥을 쏘옥 내밀고 있다
참새처럼 재잘대기가 부담되는 연록빛
한 모금이 입술을 타고 발끝까지 향을 뿌리며 잦아든다
차밭 고랑들이 구불거리며 스며든다

시끌벅적하다, 커피전문점
둥근 모양의 말[言]들이 테이블 위를 굴러다닌다
커피 향이 번져나간다
구릿빛이다

분위기에 젖는 사람들
어스름에 스며들어 서로 젖는다

사람에게 빠져드는 것
해면처럼 젖어드는 것
사랑이라고 하지

당신의 하루를
가을 국화처럼 똑 따서 가슴에 품고 온다
온몸이 진노랑 향에 젖는다

국화차

죽어서도 죽지 않는 꽃

딸은 한창 예쁠 나이에 시집을 보내야 한다던가
꽃은 활짝 피었을 때 말려야 된다던가

콩알처럼 딱딱하게 말린 국화꽃
몇 송이를 찻잔에 넣어 뜨거운 물을 붓는다
몸이 덥혀지면서
맑은 물속에서 사르르 살아나
똑똑 딸 때처럼 노란 꽃 활짝 피어난다

한입 홀짝 마시면
지난가을이 되돌아와
속으로 난 길을 훑어 내려간다
국화향이 온 방을 덥히는 따뜻한 겨울

사람의 생이 자서전 속에 모두 들어갈 수 없듯이
말린 꽃,

모습은 변치 않고 향기는 살아 있는데
행간의 설움과 아픔, 후일담이
그 속에는 없다

꼬들꼬들 만개의 어느 한순간에 말라버린
처녀 미라, 물에 푸는 몸

겨울잠에 든 여자

펄떡거리던 가슴이
반짝거리던 눈동자가
쉼 없이 움직이던 빨간 입술과
봄날처럼 감미로운 혀마저
일시정지, 수면에 빠졌다

오래된 고서들처럼
색과 무늬가 다른 지층에
쌓인 시간들을 긁어내고
한 줄씩
행간에 숨어 있는 호흡과
갇힌 언어들을 줍는 일은 고역이다

때론 독해가 불가능한 양성(兩性)
그들에겐
새로운 독법이 필요했는데

성화처럼 타오르던 불꽃은

겨울 강 얼음 속에 갇혀버리고
초점 잃은 눈빛은 반투명 비닐처럼 흔들렸다
방향이 꺾여버린 마음들은 이미 어긋났다

잠든 여자를 남겨두고
남자는 왔던 길을 되돌아갔다
눈이 내리고, 올 때의 발자국마저 회수하여 갔다

홍시

가을비 오는 날
가지 끝에서 떨어진 홍시 하나
석양빛이다

쪼그라들더라도 살아남아
겨울날
까치밥이 되길 원했을까

빗소리 스며드는 저녁 때
부서진 몸을 안고
어둠으로 들어서는 저 핏물들,
잦아드는 소리 처연하다

해설

그대, 살아 있는 한 살려고 애써야 한다

이승하 시인 · 중앙대 교수

서포 김만중(1637~1692)은 수필집이자 사회평론집인 『서포만필』에서 일종의 시론을 전개하였다.

> 사람의 마음이 입을 통해서 나타난 것이 말이고 말에 가락이 붙여진 것이 시가와 문장과 부(賦)이다. (중략) 지금 우리나라의 시와 문장이란 고유한 언어를 버리고 다른 나라의 언어를 흉내 내어 쓴 것이다. 설사 제법 비슷하다 하더라도 이는 단지 앵무새가 사람의 말을 하는 것과 같다. 여염집 골목길에서 나무꾼이나 물 긷는 아낙네들이 주고받는 말이 저속하다 하여도 그 진가를 따진다면 사대부들이 중국의 시부(詩賦)를 흉내 내는 것보다 훨씬 낫다.

김만중은 시에 가락이 깃들어 있어야 함을 강조했고, 모국어를 잘 구사해야 한다고 주장했다. 특히 서민들도 충분히 알아들을 수 있는 일상어의 구사가 참으로 중요하다고 했다. 한문은 '타국지언'이므로 한문으로 시를 짓는다면 앵무새가 사람의 말을 하는 것과 같다고 하여 일찍이 국민문학론을 주장했다. 300년 전에 김만중은 『사씨남정기』와 『구운몽』 같은 한글 소설을 썼기에 이런 말을 당당히 할 수 있었던 것이다. 『서포만필』은 한문으로 쓴 책이어서 이런 주장도 한문으로 되어 있기는 했지만 당시의 양반들에게 중국에 지나치게 의존하는 글쓰기를 하지 말라고 깨우쳐주기 위해서 쓴 것이었다. 과거제가 실시되고 있었고, 한글은 언문이라고 천대받던 시절임을 감안한다면 대단한 용기였다. 그 무렵 우리나라 사대부 계급은 소동파를 흉내 내지 않으면 행세를 못할 지경으로 중국의 시문을 배우고 익히는 데 급급했다.

　지금 우리나라 시단에 퍼져 있는 문제점 중 하나가 시인과 독자 사이의 소통 불능이 아닐까? 상당수의 시가 지나치게 난해하고 길고 산문적이다. 즉, 운율을 완전히 버리고 있다. 엎친 데 덮친 격으로 문법 파괴에 이국취미에 주제 부재가 유행이 되다시피 하고 있다. 유명 출판사에서 나오는 시집을 사서 읽고 거듭 실망하다가 시집을 안 사게 되더라는 이야기를 많은 독자가 내게 들려준다. 시집

독후감조의 서평 쓰기 숙제를 내주면 문예창작학과 학생들조차 학교 도서관이나 지역 도서관에서 시집을 빌려다 숙제를 하지 구매하여 소장하는 학생은 거의 없다. 예전에는 재판·3판 시집을 찍었던 고명한 시인들의 시집도 지금은 초판에서 멈춰버린다고 출판 관계자가 들려준다. 이것이 오로지 활자문화의 시대가 가고 영상문화의 시대에 돌입했기에 초래된 현상일까? 시인 자신들에게는 아무 문제가 없는 것일까?

  이런 생각을 하면서 김인숙 시인의 생애 두 번째 시집인 『소금을 꾸러 갔다』의 원고뭉치를 받고 읽어 나갔다. 나이 마흔에 등단하였고 이제 두 번째 시집을 묶어내려고 하니 그다지 늦깎이라고는 할 수 없다. 출발선상을 막 떠나 잘 달리고 있는 시인에게 덕담을 해줘야 할지 꾸중을 해줘야 할지 모르겠지만 일단 시를 몇 편 감상해본다.

    오월 초입

    묵은 깍지를 떨궈내지 못한
    무궁화 가지에서
    뾰족한 햇것들이 마구 밀고 올라옵니다

    푸석하게 변색된 씨앗주머니

모진 겨울 지난 묵은 깍지들

가지 끝에서 생의 끝자락을 힘주어 붙들고 있습니다

차마 떠나지 못해 악다물고 있는

그 미련, 참 큽니다

생(生)과 사(死)의 질긴 동행입니다

―「깍지」전문

  무궁화나무 가지 하나에서도 묵은 깍지는 나무에 붙어 있으려 하고, "뾰족한 햇것들"은 마구 가지를 밀고 올라가 제 생명력을 구가하고 싶어 한다. 묵은 깍지들이 "가지 끝에서 생의 끝자락을 힘주어 붙들고 있"는 광경을 유심히 본 시인은 그 '미련'을 "생과 사의 질긴 동행"으로 인식하고 있다. 스스로 자기 목숨을 거둬들이는 사람들도 있고 돌고래가 집단자살을 하는 경우도 있지만 대체로 생명체는 숨을 거두는 순간까지 자신의 생명 유지에 애착을 보인다. 우리는 병이 있으면 고치려고 병원에 가고, 약을 먹고, 수술을 받는다. 그런데 식물도 자신의 생존을 위해 나름대로 송구영신을 한다. 묵은 잎을 떨어뜨려 거름을 삼고 꽃을 피워내고 열매를 맺고……. 생명체의 생명현상에 대한 남다른 인식과 형상화를 위한 노력이 첫 시집에서 전개되지 않을까, 예감케 하는 시가 바로 「깍지」다.

봄에는 우후죽순이 올라오지

올망졸망 새끼 거느린

덩치 큰 범처럼

울부짖는 저 모습

작은 물고기들은 무리 지어서

크게 보인다고 하지

약한 날벌레는 덩어리로 뭉쳐

힘을 모으지

—「대숲」부분

  대나무는 외따로 서 있지 않고 숲을 이룬다. "속이 비었으니 약할 수밖에" 없지만 무리를 지어 서로에게 기대고 산다. 흡사 작은 물고기나 약한 날벌레들이 무리를 지어 다니며 큰 물고기로 비치기를 바라는 것과 같다. 사슴이나 얼룩말 같은 초식동물도 맹수들과 맞서 싸울 수는 없다. 그래서 무리를 지어 다니며 수적 우세를 보여주고, 그중 누가 죽더라도 그건 어쩔 수 없는 일이라고 생각한다. 인간세상에서 "집성촌 일가붙이가 되고/대숲 앞에 대숲 같은/마을이 있"는 것도 같은 이치다. 우리 조상은 종씨끼리 벗하여 사는 편이 편리했기에 유유상종, 집성촌을 이뤄 살았던 것이다. 이어지는 시는 시인의 추억담이다.

아침에 아이는

은근히 미소 머금는 어머니에게 등 떠밀려

바가지를 안은 채 키를 덮어쓰고

옆집에 소금을 꾸러 갔다

하루 종일 아이의 볼이

수박 속살처럼 붉어져 있었다

—「소금」 후반부

소를 소복이 넣은 둥근 송편

살짝 들어 하늘을 비추니

영락없는 추석 달이다,

올해도 달덩이만큼 풍년이겠다

혼기 찬 셋째 언니,

시집 잘 가겠다

—「추석 달」 후반부

 내가 어렸을 때, 요에다 쉬를 한 옆집의 아이가 키를 쓰고 소금을 얻으러 왔다가 할머니한테 매도 맞고 흠씬 꾸중을 듣고 가는 광경을 수시로 보았다. 시인도 그런 경험이 있었던 모양이다. 추석 전날 송편 빚기도 그렇다. "송편 모양내기에 경쟁이 붙은/딸 부잣집, 우리 집"이니 그 아름다운 광경이 눈앞에 선연히 펼쳐진다. (지금은 추석 때

송편을 직접 빚는 집이 거의 없고 가게에서 사서 쓴다.) 시인의 추억담은 「회상」「콩깍지」「꽈리」「아궁이」「어머니 냄새」「대못」「벌초」「비손」 등으로 이어진다. 시인은 유년기와 성장기에 겪은 여러 가지 일들을 시의 소재로 삼는데 이것들은 우리가 도시에서 살아가면서 잃어버린 것들, 잊어버린 것들에 대한 향수를 불러일으킨다. 이제는 시골에서도 보기 어렵게 된 광경을 시인이 하나 둘 보여줌으로써 농경문화 시대 우리 민족이 지켜낸 전통의 아름다움을 예찬하고, 그것의 상실을 애달파한다.

> 쇠죽솥에 마른 콩대를 삶고 있습니다
> 작두에 잘게 썰려진 콩대입니다
> 들썩들썩 솥뚜껑을 밀면서 김이 솟아오릅니다
> 쪼그라져 딱딱해진 몸이 많이 커졌나 봅니다
> 퉁퉁 불은 콩잎에서 누런 물이 배어나옵니다
> 부황 든 풀잎처럼 부들부들해졌습니다
>
> ―「콩깍지」 제1연

 시인은 쇠죽솥에 마른 콩대를 삶던 날들을 회상하는데, 그것의 단초가 되는 것은 냄새다. 소가 먹는 "콩대 마디마디로 피어오르는/먼 들판의 바로 그 냄새", "구수하고 순한 누렁빛 냄새"를 지금껏 잊지 못하고 있다. 마른 콩에서는 구수한 메주콩 냄새, 된장 냄새가 나는가 보다. 어머니도 "치마에서 언제나 내풍기턴/시큼한 개숫물 냄새"로 기억한다. 그런데 정겨운 냄새, 구수한 냄새와 이별해야 할 시간이 온다. "나라에서 알려준 이앙의 기술처럼/자식들/초중학교를 마치면/먼 도시로 보낸다"(「똬리」). 이윽고 부모와 영영 헤어지는 날도 오고 시인도 어느덧 어머니가 된다.

> 둥그렇게 반달 같은
> 저 두 집에 어머니 아버지 계신다
> ―「벌초」 첫 연

> 아이들이 옥수숫대처럼 쑥쑥 자라는 지금
> 나도 이제 손을 모아 비는 일이 잦아진다
> 이미 어미는 되었고
> 느리지 않게 할매가 되어 간다
> ―「비손」 끝 연

이처럼 김인숙 시인의 시는 일단 쉽다. 하지만 생의 비의가 쓸쓸히 흐르고 있고 인생살이의 희로애락이 교묘하게 교차하고 있다. 대가족이 한 집에서 살더라도 언젠가는 이별하고 사별해야 하는 것이 인지상정이다. "숫돌을 쓰지 않는 시대/사람들은 무딘 칼을 미련 없이 버리고/바쁘게 흐르는 시류 따라/한자리에 오래 머무르지 않는다"(「아버지의 숫돌」). 세월의 흐름이 무상하고 세상의 변화가 무쌍하다고 느낀 중국인들은 원래 과장벽이 심한데, 그래서 시간의 흐름을 상전벽해라고 표현하지 않았던가. 아무튼 제1부 시편의 기본 정조는 지나간 시절에 대한 그리움과 쓸쓸함이다.

제2부의 시도 기본 정조는 크게 다르지 않다. 다만 꽤 긴 시가 제2부에 포진해 있다는 점이 다르다.

사랑하다가
모가지 뚝 부러져
떨어지는 동백꽃의 순한 슬픔, 거기 없, 다,

망각만큼 아름다운 것은 세상에 없어
가슴에서 조금씩 밀려나가는 기억의 썰물
—「아름다운 슬픔」 끝부분

시인은 말한다, 망각만큼 아름다운 것은 세상에 없다고. 우리는 괴롭거나 슬픈 일도 망각함으로써 고통의 늪에 빠지지 않게 되지만, 즐겁고 흐뭇했던 일도 망각이 안 되면 살아가기가 힘들다. 과거는 무조건 좋았고 현재는 무조건 힘들다는 과거지향의식은 사실상 바람직하지 않다. 희로애락 그 모든 기억들이 뇌리에서 자꾸 밀려나야지 우리는 새롭게 또 하루를 시작할 수 있다. 시인의 시간의식을 명징하게 보여주는 시가 있다.

> 초침은 초조하게
> 분침은 분주하게
> 시침은 시들하게
> 남남이 바투 이어져 쳇바퀴처럼 벽을 핥고 있다
>
> 사람들은 하나씩의 시곗바늘이 되어 돌고 돌았다
> 둥근 시계 속으로 저마다의 하루들이 한꺼번에
> 몰려 들어갔다가 썰물처럼 빠져나왔다
> ―「시계의 방」 부분

우리 인간사회에서 일어나는 수많은 일들―특히 사건사고는 우연성의 법칙에 따르지만 시간은 순간의 어긋남도 없이 정확하게 흘러간다. 시계처럼 "째깍째깍 살아 있는 한, 생은 쉬지 않고 움직여야 한다/야간행군까지 해야 한다/가는 바람에도 흔들리는 창백한 얼굴의/꽃은 씨방을 부풀려 가장 화려했던 날들을 시간으로 저장한다" 같은 구절은 시간의 무상함과 영원함, 생명의 유한함과 일회성을 동시에 말해준다. "시간의 방에는 표정이 없다"는 말은 시간의 비정함을 뜻하는 것이다. 시간은 정확하게 앞으로 나아가고 그에 따라 우리는 성장하고 늙고 병들어 죽는다. 우주의 시간은 영원회귀하겠지만 생명의 시간은 죽음을 향해 나아갈 뿐이다. 뭇 생명체의 유한성에 대한 시인의 인식은 「겨울비 내리는 날」「바람의 길」「겨울 원행」「잿간」 등을 통해 전개된다. "잘 마른 잠자리 날개처럼/건들면 바스러져 분가루로 날릴 듯한/반구형의 지붕 같은 미라,/허공을 벗어나 땅에 안착한/가파른 한 생이 흙으로 돌아가고 있다"는 「죽은 거미를 쓸어내며」에서와 같이 생명체에 있어 가장 확실한 진리, 그것은 죽음이다. 그런데 죽음이 진리라고 해서 우리는 낙심하고 허무감에 사로잡혀 살아가야 하는 것인가. 그렇지 않다. 우리는 유한자이기 때문에 시간을 금쪽같이 아끼며, 사랑하는 것들을 아끼고 돌보아야 하는 것이다.

　　사랑은 서로 아픔을 나눌 수 있어야 한다는데
　　사랑한다고 아픔을 나눌 수 있는 것은 아니야
　　아픔을 나눌 수 없어 더 아픈 것이지

　　사랑이란 그런 것이지
　　사랑이란 것,

그런 것이지
                —「대신 아파 줄 수 없어 더 아프다」 끝부분

 시인이 이번 시집을 통해 가장 하고 싶었던 말이 이 말이 아닐까? 유한자이면서도 단독자인 인간은 타인의 아픔을 대신할 수 없다. "고민하고 걱정하고 잠 못 자고 눈물 흘려줄 수는 있어도" 아픔을 대신해 줄 수는 없다. 그래서 우리는 모두 외로운 단독자다. 그렇기 때문에 우리는 서로를 돕고 타인을 배려해야 한다. "어깨와 어깨를 서로 기대야/엇비슷이 서는 사람 人,/두 개의 다리로 걸어가듯/양 바퀴로 살아가는데/홀로 피어 더 고운 꽃도 있다"(「바퀴」)는 시행을 음미해보라. 물론 서커스단의 외발자전거도 저 혼자 잘만 달린다. 홀로 피어 더 고운 꽃도 있을 것이다. 시인은 그런 것들보다는 "외바퀴와 양 바퀴,/풀고 묶어서/홀로 가는 흐름과 함께 가는 흐름이/하나의 강에서 눈덩이처럼 녹으면서 구르"는 경지를 더욱 좋게 본다. 외로우니까 함께 있어야 하는 것이다. 우리 각자는 또한 무위도식해서는 안 된다. 남은 생이 남아본들 얼마나 남았겠는가. 우리 모두 생에의 의지를 불태워야 한다. 식물을 보라. 그것들은 태풍도 북풍한설도 다 견뎌내며 제자리에 버티고 있지 않은가. 「깍지」에서 보여주었던 주제가 바로 그것이다.

다 흘러내리고 뼈대만 남은 고택처럼

다 떠나고 홀로 옛집을 지키는 노인처럼

뿌리만은 단단히 생을 거머쥐고 있다

(중략)

유빙으로 떠돌다가

반구를 넘어가버리는 겨울,

아쉽지만

벗겨진 각질을 밀고

차오르는 새살처럼

이제 깨금발을 들고 새싹이 오를 것이다

―「겨울 갈대」 부분

 이와 같이 생명체는 자신의 생존과 번식을 위해 최선을 다하는 존재다. 아프면 비명을 지르기도 하고 배고프면 먹을 것을 찾는 데 온힘을 쏟기도 한다. 다 살려고 하는 몸부림이다. 산길을 가다가 나무의 뿌리를 보게 되는 경우가 있는데, 어떤 나무는 지상으로 올라와 사람의 울퉁불퉁한 심줄을 방불케 한다. 등산객들의 발길에 빤질빤질해진 채로 뿌리는 자신의 소임을 다하고 있다. 가지는 가지대로 줄기는 줄기대로 잎은 잎대로 소임을 다해야 식물은 생명을 유지할 수 있다. 인간세상에서의 각자의 삶도 마찬가지다.

> 오늘도 좌판엔
> 촌부의 억센 손에 베어져 나와 숨이 죽는 어린 부추
> 오글거리는 아이들 손길 기다리는 보송한 병아리
> 한 무더기씩 놓인 버섯, 시금치, 호박, 오이
> 할머니가 만지작거리며 쌓아놓은 무말랭이
> 손수 밀어서 비닐봉지에 담아놓은 손칼국수
> 따끈한 국물이 일품인 어묵, 속이 멍든 호떡
> 가끔 커피 손수레가 모락모락 김을 피우고 지나간다
> ―「난전」제2연

칠일장이 서는 어느 마을의 시장 난전에 가보면 이와 같이 생기가 넘친다고 한다. 삶은 치열하고 엄숙한 법이다. 살려고 애쓰는 사람들 모습은 그 자체가 성스럽기까지 하다. 욕심만 과하지 않다면 사람들이 각자 열심히 살아가는 모습은 거룩하다. 난전의 풍경을 시인은 "사투리가 넘치고, 덤과 떨이가 물고기처럼 펄떡이는/햇살 따가운 오늘", "엄마 손에 끌려 통통 걸어가는/여덟 살 아이가 햇살처럼 반짝인다"고 묘사한다.

제4부는 그대로, 생명예찬이다. 수많은 꽃과 풀이 어떻

게 자신의 목숨을 유지하고 생명력을 구가하는지 섬세하게 묘사한다. 하얗게 입술 꼭 다물고 있는 개망초 밭에 가서 시인은 "울어요,/소리 내어 울어버려요/아무런 눈치 볼 것도 없어요"라고 꽃들에게 말을 건넨다. 시인은 수동적인 삶을 살기를 거부한다. 열정적으로 살아갈 것을 소망하고 있기에 "마지막 정열을 쏟아 붓고/육신마저/온전히 바쳐버리는/수사마귀를/사랑할 수밖에 없"는 것이다. 시인의 이런 생각이 가장 잘 집약되어 있는 시가 「푸른 불꽃」이다.

붉디붉은 불꽃으로 피어

제 몸 다 타고도

숯으로 남아 검은 가슴에 불을 품은 삶

언제쯤

파란 불꽃이 파르르 피어올라

천수천안관세음보살

부드러운 천 개의 눈과 천 개의 손이

상한 마음을 쓰다듬으면

어둠 쩍 갈라지고 난분분한 꽃불이 쏟아질 거라

―「푸른 불꽃」 제1, 2연

시인의 나날이 만사태평에 무사안일일 수는 없다. 적어도 영혼은 숯불의 푸른 불꽃처럼 파르르 피어올라야 한다. 시인은 흡사 천수천안관세음보살처럼 부드러운 천 개의 눈과 천 개의 손으로 "상한 마음을 쓰다듬으면/어둠 쩍 갈라지고 난분분한 꽃불이 쏟아질 거라"고 생각한다. 시인의 몸이 거주하는 삶의 공간은 호수와 같을지라도 영혼은 격류 속으로 휘말려들어야 한다.

숯처럼 죽은 듯이 숨어 있다가 문득 피어나
세상을 녹여줄 작은 불꽃 하나
겨울이면 간절히 가지고 싶어진다

끝나지 않는 어둠의 계절, 모질게 갇힌 날들, 힘들면 눈을 감는 사람을 위해

가슴에 숨어 있는 작은 불씨 살아나면, 이 겨울에
그 불씨 꺼트리지 말고 활활 태워야지
얼어붙은 가지에 잎이 돋아
화르르 삼동을 나는 동백꽃으로 만발할 것이니

숯불 푸른 불꽃 사륵사륵 살아나는 밤
맨발로 눈길 헤쳐 나서는 사람

―「푸른 불꽃」 제3~6연

 정신의 치열함을 감지케 되는 '뜨거운 시'가 아닐 수 없다. 김인숙 시인이 앞으로 이런 사람이 될 각오로만 시를 쓰면 이 땅의 소중한 시인으로 남게 될 것이다. 나무였다가 숯이었다가 불꽃이 되는 삶, 그런 삶을 살아가는 시인이 되기를 바란다.

 김인숙의 시에서는 어려운 시어나 난해한 표현을 거의 찾아볼 수 없다. 시가 쉽다고 하여 내용마저도 가볍냐 하면 결코 그렇지 않다. 때로는 진지하고 때로는 엄숙하다. 하지만 시가 길어지는 경우 초점을 잃기도 하는데 이 점은 앞으로 유의했으면 좋겠다. 또 쉽게 쓰인 시가 간간이 눈에 뜨인다. 쉽게 쓰인 시는 쉽게 잊힐 것임을 명심했으면 좋겠다. 길이와 깊이에 상관없이 여운이 남지 않는 시는 결국 독자의 뇌리에서 금방 사라져버릴 것이다.

 40대 중반의 나이에 또 한 권의 시집을 내려고 하는 시인에게 해설자는 주로 덕담을 해주는 것으로 해설의 갈피를 잡아 지금까지 주요 시편의 값어치를 살펴보았다. 아직은 치열함이 부족하니, 아무쪼록 배전의 각오로 시의 사래 긴 밭을 갈아나가기 바란다.

이 도서의 국립중앙도서관 출판시도서목록(CIP)은 서지정보유통지원시스템 홈페이지(http://seoji.nl.go.kr)와 국가자료공동목록시스템(http://www.nl.go.kr/kolisnet)에서 이용하실 수 있습니다.(CIP제어번호: CIP2014028043)

문학의전당 시인선 185

소금을 꾸러 갔다

ⓒ 김인숙

초판 1쇄 발행　2014년 10월 10일
초판 2쇄 발행　2014년 11월 5일

　　지은이　김인숙
　　펴낸이　김석봉
　책임편집　이현호
　　디자인　조동욱
　　펴낸곳　문학의전당
　출판등록　제311-2012-000043호
　　　주소　서울시 은평구 연서로11길 7-5 401호
　　편집실　서울시 마포구 마포대로 127, 413호(공덕동, 풍림VIP빌딩)
　　　전화　02-852-1977
　　　팩스　02-852-1978
　　　블로그　http://blog.naver.com/mhjd2003
　　전자우편　sbpoem@naver.com

　　　ISBN　978-89-98096-96-0　03810

*이 책의 판권은 지은이와 문학의전당에 있습니다.
*양측의 서면 동의 없는 무단 전재 및 복제를 금합니다.
*잘못 만들어진 책은 바꿔드립니다.